BEI GRIN MACHT SICH IHR WISSEN BEZAHLT

- Wir veröffentlichen Ihre Hausarbeit, Bachelor- und Masterarbeit

- Ihr eigenes eBook und Buch - weltweit in allen wichtigen Shops

- Verdienen Sie an jedem Verkauf

Jetzt bei www.GRIN.com hochladen und kostenlos publizieren

GRIN

Weiterbildung von Führungskräften, wettbewerbsfähige Neuaufstellung und Mitarbeitergespräche als Beurteilungsinstrumente

Alina Herbertshagen

Bibliografische Information der Deutschen Nationalbibliothek:

Die Deutsche Nationalbibliothek verzeichnet diese Publikation in der Deutschen Nationalbibliografie; detaillierte bibliografische Daten sind im Internet über http://dnb.d-nb.de abrufbar.

ISBN: 9783346851352
Dieses Buch ist auch als E-Book erhältlich.

© GRIN Publishing GmbH
Nymphenburger Straße 86
80636 München

Druck und Bindung: Books on Demand GmbH, Norderstedt Germany
Gedruckt auf säurefreiem Papier aus verantwortungsvollen Quellen

Das Buch bei GRIN: https://www.grin.com/document/1347559

Einsendeaufgabe

Empfehlungen zur Umsetzung und Anwendung von Weiterbildungen von Führungskräften, einer wettbewerbsfähigen Neuaufstellung und Mitarbeitergesprächen als Beurteilungsinstrumente eines kleinen mittelständischen Unternehmens, der „Sport Olympia GmbH", in der Sportartikelbranche

Aufgabennummer:
C

SRH Fernhochschule

Modul: Personal und Organisation

Studiengang: Master of Business Administration

von Alina Herbertshagen

Inhaltsverzeichnis

Abkürzungsverzeichnis

bzw. ....beziehungsweise

etc. .... et cetera

z.B. ....zum Beispiel

Abbildungsverzeichnis

Tabellenverzeichnis

1. Einleitung

Das kleine mittelständische Unternehmen, die „Olympia Sport GmbH", hat aktuell eine schmale Produktauswahl aus Ski, Tennisschlägern und Sporttaschen, und produziert und verkauft hautsächlich in Deutschland. Ziel der „Olympia Sport GmbH" ist die Erweiterung der Produktpalette und die Ausweitung von Produktionen und Standorten ins Ausland. Es soll anhand einer beratenden Empfehlung aufgezeigt werden, ob Teile der Produktion in den osteuropäischen Raum verlegt werden sollen, weil die Produktionsstandorte in Deutschland nicht die gewünschte Leistung erbringen. Die Anpassung von Weiterbildungen, eine Unternehmensumstrukturierung und die Einführung von Mitarbeitergesprächen werden hierfür als mögliche Lösungen in Betracht gezogen.

2. Aufgabe 1: Weiterbildung

„Knapp 80 Prozent der Unternehmen sehen in der Weiterbildung eine Möglichkeit, die Leistungsfähigkeit und Produktivität der eigenen Mitarbeiter zu erhöhen, sowie neue Innovationen voranzubringen. Noch mehr (90 Prozent) wollen mit der Weiterbildung die Kompetenz der Mitarbeiter verbessern."[1] Die berufliche Fortbildung ist neben der schulischen Ausbildung, der Berufsausbildung und dem Hochschulbereich die vierte Säule des Bildungswesens. Die Themen der Weiterbildung befassen sich mit allen Aspekten gesellschaftlichen Handelns in keinem festgeschriebenen Berufsbild. Weiterbildungen als „Aktivitäten, die dem Erhalt, der Erweiterung und der Anpassung beruflicher Kenntnisse, Fertigkeiten und Fähigkeiten dienen und einen beruflichen Aufstieg ermöglichen"[2] gehören zur längsten Phase des individuellen Lebens. Mitarbeiter können dadurch ihre Qualifikationen erhalten, erweitern und verbessern.[3]

2.1. Funktionen und Ziele der Weiterbildung

Die Globalisierung und Wettbewerber bringen Unternehmen dazu, immer schneller zu handeln.[4] Hierbei ist die Bildung der Mitarbeiter ein entscheidender Erfolgsfaktor. Weiterbildung stellt in Unternehmen mittlerweile ein wichtiges Instrument zur Erhöhung

---

[1] *Joho* (2012).
[2] *Stock-Homburg/Groß* (2019), S. 270.
[3] *Bauer* (2015), S. 58.
[4] *Daepp/Leidi* (2015), S. 6.

3

der Wettbewerbsfähigkeit dar – eine Investition in die Zukunft.[5] Gerade Produktionsleiter müssen über viele Kompetenzen und Fähigkeiten verfügen. In der Produktion müssen sie als Allrounder flexibel auf neue Situationen eingehen und eine optimale Lösung für das Problem finden. Die Komplexität an Funktionen und Zielen von Weiterbildungen wächst stetig.

Als Produktionsleiter ist es wichtig technische Zusammenhänge, durch Wissen in den Bereichen Fertigungstechnik, Kalkulation und Kostenrechnung, zu erfassen und Betriebsmittel entsprechend einzusetzen. Sie tragen Verantwortung für die Produktion und ihr Team, und müssen daher sehr gut organisiert sein. Mit ihrer Durchsetzungskraft können sie das richtige Personal an der richtigen Stelle einsetzen und klare Vorgaben geben. Ihre Kommunikationsfähigkeit unterstützten den täglichen Austausch mit Mitarbeitern und Lieferanten, daher sind Kenntnisse in Moderation und für Meetings sowie Fremdsprachen von Vorteil.[6] [7]

Um langfristig am Markt bestehen zu können, brauchen Unternehmen daher qualifizierte Mitarbeiter. Zukünftige Ausgaben in die systematische Vermittlung, Aneignung und Vertiefung neuer Qualifikationen und Kompetenzen der Produktionsleiter sind betriebliche und sinnvolle Investitionen und haben unterschiedliche Funktionen.[8]

Das Unternehmen kann eine starke Marke aufbauen und dadurch wettbewerbsfähiger werden, indem es in die Zukunft investiert. Durch Weiterbildungen werden nicht nur Mitarbeiter für die Zukunft gerüstet, auch das Unternehmen selbst kann sich darauf vorbereiten. Das Unternehmen zeigt, dass es lernen will. Weiterbildungsaktivitäten motiviert die Mitarbeiter intern, schafft eine höhere Attraktivität bei Bewerbern und kann dadurch ein starkes Markenimage aufbauen.[9]
Durch die Motivationssteigerung erhöht sich auch die Leistungsfähigkeit der Führungskräfte. Die Aneignung von neuen Fähigkeiten steigert das Selbstwertgefühl der Produktionsleiter, und dadurch wiederum deren Zufriedenheit und Verlässlichkeit. Krankheitstage nehmen ab und Kosten werden eingespart. Die Mitarbeiter fühlen sich wohl, informiert und abgeholt, wodurch sich die Haltung gegenüber den Werten, den Zielen und der Corporate Identity des Unternehmens positiv verstärkt. Weiterbildungen bieten den Führungskräften zusätzlich Aufstiegsmöglichkeiten, neue Entwicklungsmöglichkeiten und somit ebenfalls entsprechende monetäre Ansprüche.

---

[5] *Kratz* (2021), S. 99.
[6] *Produktionsleiter – Jobs, Aufgaben, Gehalt | Hays* (2022).
[7] *REFA.de* (2022).
[8] *Fröhlich/Karlshaus* (2017), S. 195.
[9] *Loffing/Loffing* (2011), S. 73.

Die Bindung und Loyalität dem Unternehmen gegenüber werden durch Weiterbildungen somit gefördert.[10]

Mitarbeiter sind durch die Aneignung neuer Kenntnisse besser in der Lage die Entwicklung des Unternehmens mitzugestalten und können in dem ständigen technischen Wandel leichter mit Herausforderungen umgehen. Produktionsleiter sind durch kontinuierliche Fortbildungen immer auf dem aktuellen Stand und erbringen dadurch ihren Teil zur Weiterentwicklung des Unternehmens.[11] Durch ihre globale Sicht haben sie die Fähigkeit sowohl Produkte und Dienstleistungen als auch Verfahrensprozesse aktiv mitzugestalten und dadurch zu verbessern. So können Produktionsleiter in bestimmten Produktionsverfahren geschult werden, sodass zukünftig eine größere Stückzahl an Sportartikel produziert werden kann.[12]

Die Produktionsleiter bauen dadurch Kompetenzen auf und können somit flexibler und arbeitsplatzübergreifend eingesetzt werden. Es kann auf personelle Engpässe und Überbeschäftigungen schneller eingegangen werden, da die Ressourcen flexibel einsetzbar sind. Zu dieser kostenorientierten Optimierung trägt ebenfalls die Anpassung von Qualifikationen an veränderte Arbeitsanforderungen bei. Führungskräfte entwickeln durch kontinuierliche Fortbildungen eine andere Sicht auf ihre eigenen Tätigkeiten, wodurch ungenutzte Potenziale der Produktionsleiter gefördert werden.[13]

Teure externe Fachkräfte können somit eingespart werden, da das Unternehmen in sich und die Mitarbeiter investiert hat. Zusätzliche Personalbeschaffungskosten oder Einarbeitungskosten fallen dadurch weg.

Ziel der Weiterbildung ist eine entsprechende Erwartung an das Anforderungs- und Fähigkeitsprofil des Unternehmens und der Mitarbeiter. Damit der Erfolg der Ziele ermittelt und im Nachgang geprüft werden kann, sollten diese messbar sein.

Durch die Weiterbildung der Produktionsleiter können Softskills wie Führungsstärke, Problemlösungskompetenz, Organisationsgeschick und Verantwortungsbewusstsein, Hard Skills wie Kenntnisse in Maschinenbau, Bauingenieurwesen oder Wirtschaftsingenieurwesen und Zusatz Knowhow wie Lean Produktion, Qualitätsstandards, Arbeitsschutz, Six Sigma oder Fremdsprachen ausgebaut und gelehrt werden. Die Produktionsverlagerung ins Ausland kann vermieden werden, in dem die Produktionsleiter in Deutschland zu schlankeren Produktionen, Design Thinking und agileren Arbeitsmethoden geschult werden. Die Weiterbildungen orientieren sich meist an aktuellen Problemen im Unternehmen. Somit sollen die Führungskräfte

---

[10] *Pawlowsky/Bäumer* (1996), S. 31–32.
[11] *Vladova* et al. (2020), S. 711–717.
[12] *Pawlowsky/Bäumer* (1996), S. 32–34.
[13] *Klebl/Popescu-Willigmann* (2015), S. 435–436.

ebenfalls in Bereichen wie der Industrie 4.0 geschult werden, um auf aktuelle Trends und Entwicklungen reagieren zu können.[14]

Wurde den Produktionsleitern von der Geschäftsführung bereits mitgeteilt, dass der Standort bzw. die Produktion ins Ausland verlegt wird, kann davon ausgegangen werden, dass die Produktionsleiter verunsichert sind und dadurch die Weiterbildungsmaßnahme annehmen werden, um ihr Beschäftigungs- und Arbeitsverhältnis zu sichern.[15] Durch veränderte Produktionsverfahren und Abläufe können sich die Produktionsleiter auf die Veränderung vorbereiten, einen anderen Karriereweg einschlagen sowie ihre Qualifikationen entsprechend an die neuen Anforderungen anpassen.[16] Positive Karriereentwicklungen können entstehen und somit auch monetäre Vorteile, wodurch ihre Arbeitszufriedenheit steigt.

Zeitgleich zeigt der Sportartikelhersteller damit, dass es gewillt ist in die Bildung der Mitarbeiter zu investieren und signalisiert damit gewisse Zukunftsaussichten.[17] Die Leistungsfähigkeit der Mitarbeiter und internationale Wettbewerbsfähigkeit des Sportartikelherstellers kann dadurch gesteigert werden. Die Mitarbeiter werden stärker an das Unternehmen gebunden.[18]

2.2. ‚Make-or-buy'-Entscheidung: Vor- und Nachteile

Ein entscheidender Aspekt bei der Weiterbildung von Personal ist die Entscheidung für einen internen oder externen Weiterbildungstrainer, sowie Entscheidungen über die Lerninhalte, Lernmethoden und Orte.

Für eine leichtere Entscheidungsfindung wird im Folgenden kurz auf die Vor- und Nachteile eines internen und externen Trainers eingegangen. Jedoch ist vorab zu empfehlen, dass die entsprechend eingesetzten Trainer – unabhängig ob intern oder externe – über fachliches Wissen, theoretischen Kenntnissen und praktischen Erfahrungen verfügen sollten.

Als interner Mitarbeiter und Trainer bzw. Wissensgeber des Sportartikelherstellers ist es von Vorteil, wenn eigene Mitarbeiter die Weiterbildungen anbieten bzw. durchführen, weil die Schulungsumgebung vertrauter, sicherer, gewohnter und persönlicher ist. Die

---

[14] *REFA.de* (2022).
[15] *Schiefer* (2019), S. 1–2.
[16] *Becker* (2013), S. 322.
[17] *Wang* et al. (2018), 17.
[18] *Becker* (2013), S. 322.

Produktionsleiter haben während der Weiterbildung persönlichen Kontakt zu ihren Kollegen, wodurch eine gewisse Vertrauensbasis geschaffen wird und somit vertrauliche Firmeninformationen im Unternehmen bleiben. Strittige Themen können in dem gewohnten Umfeld offen angesprochen werden. Der Trainer entwickelt mit der Zeit in vertrauter Runde einen ureigenen Lehrstil und weiß genau über die Firmenprobleme Bescheid, wodurch das Lernziel beeinflusst werden kann. Durch die Identifikation mit den Firmenzielen und die Kenntnis über Prozesse und Strukturen, können Probleme praxisnah erörtert werden, denn unternehmenstypische Einstellungen und Wertehaltungen sind nur schwer vermittelbar. Des Weiteren können Termine besser geplant werden, wodurch eine flexiblere Teilnahme an der Weiterbildung möglich ist. Eine Berücksichtigung von betrieblichen Erfordernissen und Engpässen ist möglich. Die Ausfallzeiten der Teilnehmer sind somit gering, da die Termine vorab regelmäßig abgestimmt und an die Kapazitäten und Erfordernisse angepasst werden können. Die Teilnehmer können auf mehrere Lerngruppen und Termine aufgeteilt werden. Externe Seminarräume müssen nicht gebucht werden, es können firmeninterne Räume für Schulungen genutzt werden. Durch die höhere Sicherheit der Teilnahmezusagen und der internen Raumnutzung fallen keine Stornogebühren an und keine Kosten sowohl für die An- und Abreise als auch für Unterkünfte. Die Verpflegungskosten bleiben gering und sind damit planbarer.[19] [20]

Ein externer Trainer hingegen bringt frischen Wind durch neue Methoden in die Weiterbildungsangebote mit ein. Ein Referent von außerhalb bricht durch seine eigenen Methoden festgefahrene Routinen auf, welche neue Impulse geben und somit die Motivation steigern. Die Mitarbeiter lernen dadurch Mitarbeiter anderer Unternehmen kennen und können sich in dem Seminar mit Gleichgesinnten austauschen, die sich in ähnlichen Positionen befinden. Die Weiterbildung kann durch die neuen Impulse zu neuen Sichtweisen und somit zu Praxiserfolg führen. Der Austausch mit neuen Menschen bietet einen interessanten Einblick in andere Unternehmen und deren Verfahrensweisen. Die Kursteilnehmer können durch ihre unterschiedlichen Hintergründe und Erfahrungen mehrere Seiten des Themas beleuchten. Dies wirkt der Betriebsblindheit entgegen. Sie können sich vernetzen und sich auch im nachhinein intensiver austauschen. Je nach Weiterbildungsangebot sind wenig standardisierte Qualifikationsprobleme mit höheren Kosten verbunden, da interne Mitarbeiter dies schwieriger abdecken können und somit externe Experten hinzugezogen werden müssen. Durch diesen Austausch und den erhöhten Aufwand an Organisation für die Anreise, die Unterkunft und Verpflegung sind die Mitarbeiter dankbarer, schätzen die

---

[19] *Träger* (2021), S. 119–120.
[20] *Hübner/Wachtveitl* (2000), S. 40–41.

Mehrarbeit und sind dadurch motivierter und leistungsstärker. Desweiteren halten sich die Kosten durch eine geringere Teilnehmerzahl in Grenzen und sind kalkulierbar. Aufwand und Organisation werden outgesourced und müssen nicht vom Unternehmen übernommen werden, da der Anbieter sich darum kümmert. Da das Seminar extern stattfindet sind mehr Betriebsstörungen zu befürchten, da die Mitarbeiter länger am Arbeitsplatz fehlen, nicht im Unternehmen sind und bei Engpässen nicht eingreifen können. Auf der anderen Seite haben die Seminarteilnehmer dadurch auch weniger Ablenkungen, da sie betriebsabhängige Störungen nicht mitbekommen.[21] [22] [23]

Pro Make	Pro Buy
Persönliche, vertraute, sichere, gewohnte Lernumgebung	externer Trainer hat eigenen und andere Methoden und Konzepte
Persönlicher Kontakt mit KollegInnen/ kennen sich untereinander	Festgefahrene Routinen werden aufgebrochen
Trainer entwickelt mit der Zeit seinen ureigenen Stil	Neuer motivierenden frischen Wind bei der Weiterbildung
Trainer vermittelt eine gewisse Sicherheit, denn jeder weiß was und wer ihn da erwartet	Erlangen neuer Sichtweisen durch Unterbrechung des Alltags
Im besten Fall existiert bereits eine Vertrauensbasis	Einblicke in die Verfahrensweisen anderer Firmen
Offene, unbedenkliche Diskussion strittiger Themen	Zu hören, wie es in anderen Unternehmen läuft, ist für die eigenen Mitarbeitenden immer eine interessante Erfahrung
Unternehmensspezifische Qualifikationen sowie unternehmenstypische Einstellungen und Werthaltungen sind nur schwer vermittelbar	Austausch mit Gleichgesinnten, die in einer ähnlichen Position arbeiten – oder eben auch in einer gänzlich anderen Organisation –, kann wie der Austausch mit einem externen Trainer zu einer neuen Sichtweise führen
Praxisnahe Ausrichtung auf die Teilnehmer und die Bedürfnisse des	

---

[21] *Hübner/Wachtveitl* (2000), S. 40–41.
[22] *Warhanek* (2013), S. 91–92.
[23] *Lang* (2006), S. 70.

Unternehmens/ Probleme können praxisnah erörtert werden	Neue Impulse sorgen dabei für einen höheren Praxiserfolg und fördern die Umsetzung
Seminar hat einen eindeutig unternehmensspezifischen Bezug	Bringen MitarbeiterInnen anderer Unternehmen zusammen
Firmenprobleme, interne Strukturen/ Prozesse bekannt	Kennenlernen betriebsfremder Personen, die das Seminarthema von einer anderen Seite beleuchten können. Das fördert soziale Kompetenzen und bewahrt vor Betriebsblindheit.
Referent kennt Firmenprobleme, somit ist ein Einfluss auf das Lernziel möglich	Vernetzung und intensiver Austausch mit Mitarbeitern anderer Firmen
Identifikation mit Firmenzielen/ Kenntnis über Prozesse und interne Strukturen	Mehr Motivation und Leistungsbereitschaft durch Mitarbeiter aufgrund von Wertschätzung (Anreise, Verpflegung, Übernachtung).
Vertrauliche Informationen bleiben im Unternehmen	Aufwand und Organisation für die Vorbereitung sind outgesourct
Termine sind besser planbar/ flexiblere Teilnahme an Weiterbildung möglich	Die Kosten für eine geringe Teilnehmerzahl hält sich in Grenzen.
Berücksichtigung betrieblicher Erfordernisse bei der Terminfindung	Kosten für Standardprogramme sind geringer
Aufteilung der Belegschaft auf mehrere Kleingruppen möglich	Mögliche Störungen des Betriebsablaufs
Geringere Ausfallzeiten der Mitarbeiter	Teilnehmer haben weniger Ablenkungen durch betriebsabhängige Störungen und können sich mehr auf das Seminar konzentrieren
Terminvereinbarungen für externe Seminarräume sind hinfällig	Kosten für Standardprogramme sind geringer
Seminarraum, Hinreise und Unterkunft verursachen keine Kosten	Externe Trainings nehmen mehr Zeit in Anspruch, die Kollegen fehlen also länger am Arbeitsplatz

Tabelle 1: eigene Darstellung der Make-or-buy'-Entscheidung

Als grundsätzliche Regel, aus ökonomischer Sicht, ist festzuhalten, dass ein internes Weiterbildungsangebot immer als aller erstes in Betracht gezogen werden sollte. Dies lohnt sich, solange es im Vergleich zu einem externen Weiterbildungsangebot kostengünstiger ist und das gleiche Bildungsergebnis liefert. Die Entscheidung ist jedoch immer abhängig von dem Einzelproblem des Unternehmens.[24] Der Sportartikelhersteller kann Seminare zu bestimmten Verfahren in der Produktion, Lean Produktion und agilere Arbeitsmethoden in der Sportartikelbranche, Six Sigma oder Implementierung einer schlankeren Produktion, welche mit höheren Kosten verbunden sind, von externen Anbietern schulen lassen. Ergänzende und unterstützende Seminare wie Führungsstärke, Problemlösungskompetenz, Organisationsgeschickt und Verantwortungsbewusstsein, Kenntnisse in Maschinenbau, Bauingenieurwesen oder Wirtschaftsingenieurwesen, Qualitätsstandards oder Arbeitsschutz können durch standardisierte Trainings von internen Trainern/ Mitarbeitern abgebildet werden.[25]

2.3. Erklärung des Transferproblems

Wichtig bei der Schulung von Inhalten, Theorien und Kompetenzen ist, dass die Übertragung des Gelernten in die Praxis stattfindet und angewendet wird. Weiterbildungen sind nur dann sinnvoll, wenn die gelernten Kenntnisse und Fertigkeiten im Arbeitsalltag integriert werden.[26]

Die Inhalte der Schulung dürfen sich nicht stark vom Anwendungsfeld in der Praxis unterscheiden und soll von den Produktionsleitern praxisnah angewendet werden können. Je stärker sich der Arbeitsalltag von der gelernten Theorie unterscheidet, desto stärker muss dies abstrahiert und auf die eigenen Arbeitsbedingungen generalisiert werden. Der Produktionsleiter braucht weniger Zeit, das Gelernte auf die eigene Situation abzustimmen, wenn dies bereits passend auf das Unternehmen und die Situation geschult wurde. Die Inhalte sollten so geschulte werden, damit Anwendungsmöglichkeiten nicht übersehen und die Anfangsschwierigkeiten nicht zu Frust und Demotivation führen. Die Trainer müssen den Teilnehmern eine Roadmap mitgeben, damit die Anfangsschwierigkeiten überwunden werden können und nicht in alte Routinen zurückfallen.[27] Das Erlernte soll in der Praxis zeitnah eingesetzt und angewandt werden. Das erlernte Wissen sollte nach einer langen Zeit nicht nochmal

---

[24] *Warhanek* (2013), S. 89–91.
[25] *Im Internet* (2022).
[26] *Ryschka* et al. (2011), S. 342.
[27] *Ryschka* et al. (2011), S. 340.

wiederholt werden müssen, sondern bereits im Arbeitsalltag integriert sein. [28] In den Weiterbildungen sollten Inhalte geschult werden, die den Arbeitsalltag durch hilfreiche Anwendungen, Tipps, Erfahrungen erleichtern und nicht durch einen negativen Lerntransferprozess verkomplizieren. Je komplizierter die Inhalte des Trainings angewendet werden können, desto weniger Unterstützung gibt es von Kollegen und Vorgesetzten für die Veränderungen. Tipps und Anwendungen sollen daher jeweils zum Produktionsleiter bzw. zu der Person passen, oder so geschult werden, damit die Teilnehmer mehrere Inhalte, Tipps und Anwendungen zu Auswahl haben. So können einzelne ausgewählt und angewandt werden, weil diese besser zu der einzelnen Person passen und den Arbeitsalltag erleichtern.[29] Des Weiteren sollte durch einen vertikalen Lerntransfer, also das Dazulernen von neuen Kompetenzen und Anwendungen auf Herausforderungen eines komplexen Anwendungsniveaus ein Mehrwert entstehen. Horizontaler Lerntransfer sollte vermieden werden. Gelerntes wird auf veränderte Anwendungssituationen desselben Anforderungsniveaus übertragen.[30]

Wenn das im Rahmen von Weiterbildungsaktivitäten erworbene Wissen am Arbeitsplatz aktiv genutzt wird bzw. zur Anwendung kommt, kann aus betrieblicher Sicht von erfolgreicher Weiterbildung gesprochen werden. Eine Lösung für diese Problematik stellt die Verbindung von Training und Coaching dar, welche sich im Transfercoaching äußern kann.[31]

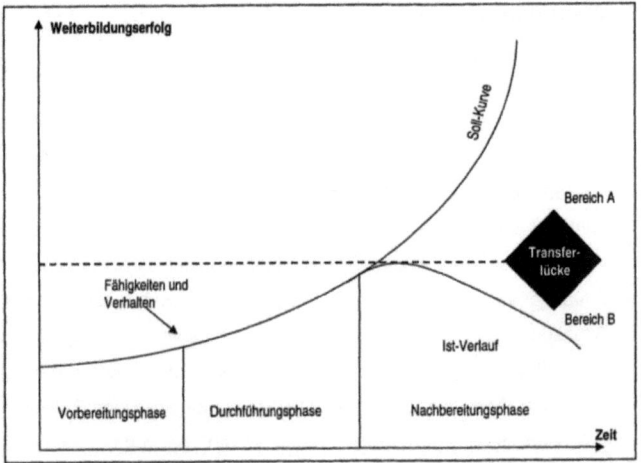

Abbildung 1: Transferproblem[32]

---

[28] Meißner (2012), S. 240–243.
[29] Weinbauer-Heidel (2016), S. 235.
[30] Ryschka et al. (2011), S. 342–343.
[31] Wegener (2016), S. 427.
[32] Riekhof (1997), S. 259.

3. Aufgabe 2: Neuaufstellung und Umstrukturierung

Der Sportartikelhersteller hat eine funktionale Organisation, welche auch Verrichtungsorganisation genannt wird, weil die Organisation nach bestimmen Tätigkeiten untergliedert ist. Die Einheiten teilen sich in Funktionsbereich auf zwei Hierarchieebenen und bilden z.b. die Produktion, das Marketing, die Entwicklung und die Verwaltung. Die Funktionen berichten in erster Linie an die Geschäftsführung.[33]

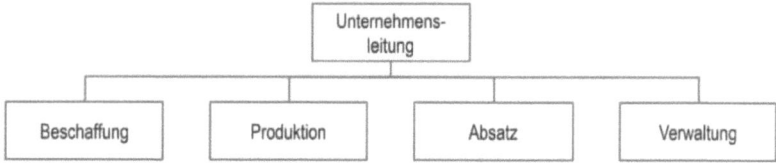

Abbildung 2: Funktionsbereiche einer funktionalen Organisation[34]

Die älteste Organisationsform des Industriebetriebes, die funktionale Organisation, kann nach Vahs in zwei Funktionsbereiche unterteilt werden.
Der operative Funktionsbereich besteht aus mehreren Spezialbereichen, welche gleichartige ressourcen- und leistungsorientierte Aufgaben nachgehen. Ressourcenorientierte Bereiche wie die Verwaltung oder das Finanzwesen sind für die Erbringen der Leistung notwendig. Die Leistungsorientierten Abteilungen produzieren den Output wie z.B. die Produktion oder die Forschung & Entwicklung.
Der zweite Funktionsbereich ist der strategische, welcher den operativen Bereich ergänzt, koordiniert, steuert und überwacht. Diesen Bereich übernimmt die Unternehmensführung.[35]

3.1. Empfehlung und Gründe für eine Reorganisation

Die funktionale Organisationsform stößt mit zunehmender Erweiterung und Vielfalt des Produkt- und Leistungsportfolios, wie es bei dem Sportartikelhersteller der Fall ist, an ihre Grenzen. Durch vermehrte Koordinationsprobleme verlieren die Spezialisierungseffekte an Bedeutung, weil die organisatorischen Einheiten untereinander eine erhöhte Abhängigkeit haben.[36]

---

[33] *Laske* et al. (2006), S. 49.
[34] *Träger* (2018), S. 94.
[35] *Träger* (2018), S. 94–96.
[36] *Alcalde Rasch* (2000), S. 106–107.

Aus diesem Grund empfiehlt sich die Schaffung einer Stabstelle als Unternehmenskoordination in einer Matrixorganisation, welche durch Matrixteams und Zentralbereiche unterstützt wird.[37]

In dem Fall der Matrixorganisation erfolgt die Spezialisierung bereits auf der Leitungsebene, wodurch eine gleichberechtigte Berücksichtigung mehrerer Faktoren und Gestaltungsprinzipien gewährleistet ist. Die zwei- oder mehrdimensionale Organisation kann durch die Überlagerung der Funktions- und Produktionsbereiche einen effizienteren Einsatz der Funktionen garantieren.[38]

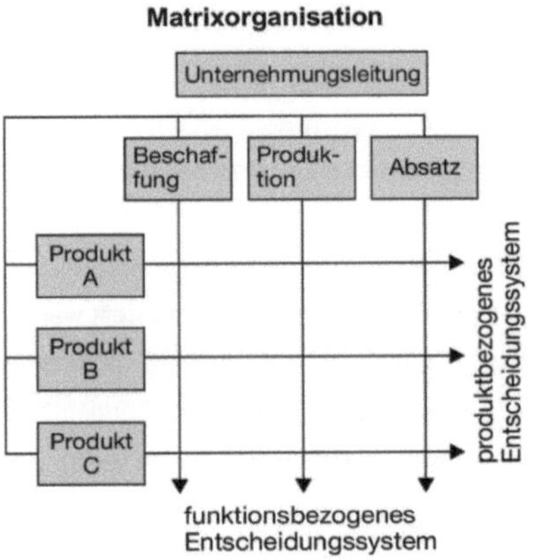

Abbildung 3: Aufbau einer Matrixorganisation[39]

Da das Arbeiten in einer Matrixorganisation aufgrund von Ziel- und Interessenskonflikten mit einer erhöhten Koordination verbunden ist, empfiehlt sich der Aufbau einer Stabstelle, um Informationen zu verarbeiten, fachlich zu beraten und Entscheidungen vorzubereiten. Die Verteilung von Entscheidungs- und Weisungsbefugnissen auf zwei Instanzen erhöht den Kommunikations- und Abstimmungsaufwand bei welcher die Stabstelle unterstützend agieren und koordinieren kann. Das Ziel einer Matrixorganisation ist ein Kompromiss als beste Lösung für die Gesamtorganisation, entstehend aus cross-divisionalen konstruktiven Konflikten und Dialogen. Matrixteams können die Geschäftsleitung und die Stabstelle in Abstimmungs- und Integrationsproblemen ergänzend unterstützen.[40] Sie fungieren als neutrale Experten in

---

[37] *Heise* (2009), S. 71.
[38] *Morgan* (2006), S. 30.
[39] *Gabler Wirtschaftslexikon* (2022).
[40] *Ultsch/Hauer* (2010), S. 106.

problembezogenen Arbeitsgruppen und setzen sich aus Ansprechpartnern der einzelnen Abteilungen zusammen. Zusätzlich empfiehlt sich die Einrichtung von Zentralbereichen, welche der Koordination und Steuerung in den einzelnen Abteilungen dient. Die Zentralbereiche übernehmen die strategische Führung und Kontrolle und agierend schlichtend zwischen den einzelnen Dimensionen. Der Unternehmensleitung sind die Matrixstellen bzw. die einzelnen Abteilungen direkt unterstellt. Die Matrixschnittstellen stellen die organisatorischen Bereiche dar, welche direkt für die Aufgabenerfüllung und gemeinsam zu behandelnden Problembereichen zuständig sind. Die Unternehmensleitung hat für die gesamte Matrixorganisation die Weisungsbefugnis und übernimmt somit die Aufgabe der Matrixleitung. Die Organisationsform verbindet somit Vorteile einer funktionalen und einer divisionalen Organisation, da das Unternehmen sowohl nach Funktionen als auch nach Objekten wie z.B. nach Produkten untergliedert ist. Die Voraussetzung für ein zielführendes Zusammenarbeiten in der Matrix sind stark ausgeprägte Fähigkeiten der Mitarbeiter, das Zusammenarbeiten im Team, Kompetenzbereiche sind klar voneinander abzugrenzen, die Zusammenarbeit der einzelnen Abteilungen muss organisatorisch definiert und geregelt sein, Mechanismen müssen für eine schnellere Entscheidungsfindung integriert werden. Aus diesem Grund empfiehlt sich die Matrixorganisation besonders gut für den Sportartikelhersteller.[41] [42]

3.2. Vorgehen einer Umstrukturierung zu einer Matrixorganisation

Eine Matrixorganisation eignet sich besonders gut für den Sportartikelhersteller, weil dieser sowohl horizontale als auch vertikale Unternehmensbereiche abdecken kann. Der Sportartikelhersteller kann mehrere Produkte nebeneinander herstellen, wobei dieser gleichzeitig in mehrere Arbeitsbereiche eingeteilt ist. Das Unternehmen wird in einzelne Geschäftsbereiche unterteilt, für welche jede selbst verantwortlich ist. Die Geschäftsbereiche können dementsprechend nach den Produkten gegliedert werden und stellen somit die horizontale Ebene dar. Sie entwickeln ihre eigenen Strategien, disponieren ihr Vermögen oder erwirtschaften ihre eigenen Ergebnisse. Sie werden jeweils von unterschiedlichen Bereichsvorständen geleitet. Der aktuelle Geschäftsführer ist somit die Matrixleitung und ist den Bereichsvorständen direkt übergestellt.

---

[41] *Kieser/Walgenbach* (2010), S. 135–136.
[42] *Macharzina/Wolf* (2008), S. 484–486.

Der Sportartikelhersteller kann neben der bereits existierenden Produktpalette, wie Ski, Tennisschläger und Sporttaschen, weitere Produkte wie Gummibänder, Yogamatten oder Sportschuhe verkaufen, um neue Märkte zu erschließen, weil sich der Wettbewerb verschärft hat. Die vertikalen Ebenen bilden dann z.B. den Vertrieb, den Einkauf, die Produktionen, das Controlling und die Personalabteilung. Den einzelnen Abteilungen ist jeweils eine Führungskraft zugeordnet. So sollte es bei dem Sportartikelhersteller jeweils einen Manager für Ski, Tennisschläger, Sporttaschen, Gummibänder, Yogamatten und Sportschuhe geben und jeweils einen Manager für die Produktion, den Vertrieb, das Personal, den Einkauf etc.[43]

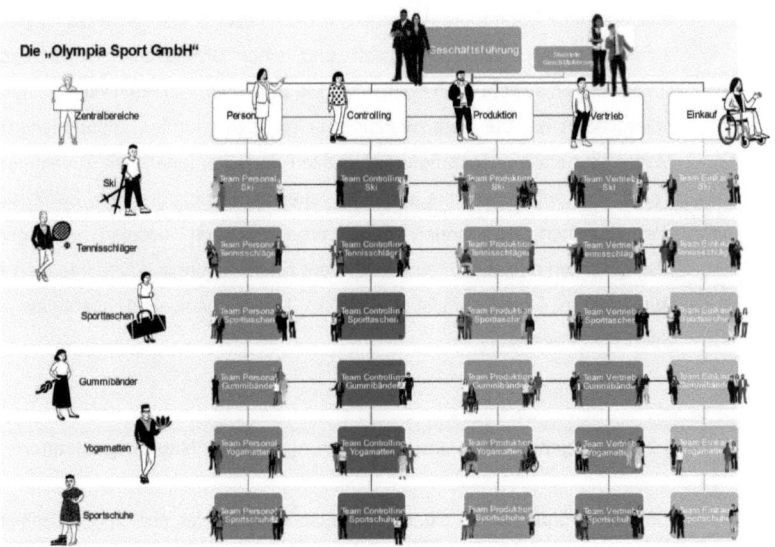

Abbildung 4: eigene Darstellung des Organigramms der „Olympia Sport GmbH"

Die Mitarbeiter der Matrixteams sind den einzelnen Schnittstellen zugeordnet und sind somit immer zwei Managern unterstellt. Ein Teammitglied aus dem Team „Controlling Yogamatten", welches die Verantwortung für die Finanzen des Produktes Yogamatten trägt, ist sowohl dem Manager für das Controlling als auch dem Produktmanager der Yogamatten untergeordnet und muss auch an beide berichten.[44]

Der Manager für das Produkt Yogamatten hat sehr fundiertes Wissen über das Produkt und kann somit den Teams seiner Linie kompetente Anweisungen geben. Der Finanzmanager ist ein Spezialist für Zahlen und kann seine untergeordneten Teams z.B.

---

[43] *Peterke* (2022).
[44] *Asana* (2022).

bei der Optimierung der Ausgaben unterstützen. Sind sich beide Manager, des Controllings, und des Produktes Yogamatten über ein bestimmtes Verfahren, einen Prozess oder eine Maßnahme in Team Controlling Yogamatten einig, ergänzen sich die vorhandenen Fertigkeiten, Fähigkeiten und Wissen optimal gegenseitig. Dadurch werden abteilungsübergreifende Lerneffekte und die Interaktion der einzelnen Abteilungen erzielt. Beide Manager können ihren Teams Expertenwissen weitergeben. Die Teams haben mehrere Ansprechpartner, wodurch Einseitigkeit in der Abteilung entgegengewirkt wird. Interdisziplinäres Handeln und Spezialisierungen an den Schnittstellen werden durch die Matrixorganisation gefördert. Das Management wird durch die Kombination zweier Manager pro Matrixteam entlastet und Hierarchien zwischen den einzelnen Abteilungen fallen durch kurze Kommunikationswege weg.[45]

3.3. Gefahren einer Unternehmensumstrukturierung

Haben beide Manager hingegen unterschiedliche Ansichten, kann es durch eine uneinheitliche Leitung zu Konflikten führen. In einem Mehrliniensystem besteht ein erhöhtes Konfliktpotential, wodurch die Teammitglieder möglicherweise unterschiedliche Arbeitsanweisungen erhalten. Die Meinungsverschiedenheit der Manager kann zu Misserfolg führen, welcher im Nachhinein nur schwer genau einer Abteilung zugewiesen werden kann. Um dem Misserfolg und dem Konfliktpotential entgegenzuwirken braucht es einen hohen Bedarf an Führungskräften und hoch qualifizierten Mitarbeitern, die interdisziplinär und flexibel arbeiten können. Durch die Matrixorganisation entstehen langwierige Entscheidungsprozesse, weil viele Teams und Manager abgestimmt sein müssen. Dieser erhöhte Abstimmungsaufwand muss durch Regeln und Prozesse gesenkt werden, um die Arbeit in den Matrixteams zu erleichtern.[46]

4.   Aufgabe 3: Mitarbeitergespräche

Die geplanten Veränderungen der Olympia Sport GmbH sind mittlerweile den Mitarbeitern bekanntgegeben worden, daher wird das Mitarbeitergespräch als Instrument, um vorrangig mit den Produktionsleitern ins Gespräch zu kommen, empfohlen. In den empfohlenen Mitarbeitergesprächen werden anlassbezogene Inhalte und strukturierte jährlich stattfindende Inhalte unterschieden.

---

[45] *Boysen* (2010), S. 256.
[46] *Boysen* (2010), S. 256.

Eine regelmäßige Kommunikation zwischen der Geschäftsführung und den Produktionsleitern ist zu empfehlen, da es beide Parteien auf einer Ebene zusammenbringt. Als zentrales Führungsinstrument kann das Mitarbeitergespräch abhängig vom Gesprächsanlass variieren.[47]

Das Mitarbeitergespräch soll nicht die alltägliche Kommunikation mit den Produktionsleitern ersetzen, und soll als besonderer Anlass für die Führungskraft und den Mitarbeiter dienen, sich in regelmäßigen Zeitabständen und zu geplanten Terminen zusammenzusetzen und deren Verhalten, von einer Metaebene herab und abseits vom beruflichen Alltag, zu reflektieren.[48] [49]

Das Mitarbeitergespräch soll in einem Vier-Augen-Gespräch mit dem direkten Vorgesetzten stattfinden und sollte immer eine bestimmte Zielsetzung beinhalten, die sich darauf richtet, Meinungen auszutauschen und die Mitarbeiter/in hinsichtlich der fachlichen sowie persönlichen Weiterentwicklung zu fördern.[50]

4.1. Inhalte, Ziele und Phasen

Bei anlassbezogenen Mitarbeitergesprächen findet ein Dialog zwischen der Geschäftsführung und den Produktionsleitern zu unterschiedlichen Themen wie z.B. über die Veränderungen von unterschiedlichen Arbeitsgrundlagen, Konflikten von Angestellten in den Teams, gute und schlechte Leistungen einzelner Mitarbeiter, Anerkennungen, Standortanalysen, Kritik, Arbeitsunfälle, längere Krankheitsfälle, Gehaltsfindungen oder Problemlösungen statt. Laufende Gespräche entwickeln sich wie ein Coaching und sind wesentlicher Part in einer erfolgreichen Zusammenarbeit zwischen der Führungskraft und dem Mitarbeiter.[51]

Institutionalisierte Mitarbeitergespräche finden in regelmäßigen Abständen statt, handeln von Themen aus zurückliegenden Zeiträumen, und spiegeln sich deshalb in einem Halbjahres-, Jahres- oder Probezeitgespräch wider. In dieser Art von Mitarbeitergesprächen geht es um Personalentwicklung, Karrierechancen und -planung, Leistungsbeurteilung, Feedback oder das Aufgreifen von Ideen und Kritik.

---

[47] *Hossiep* et al. (2008), S. 4.
[48] Führen von Mitarbeitergesprächen (2013), S. 7.
[49] *Mentzel* (2010), S. 12.
[50] *Nagel* et al. (2008), S. 13.
[51] *Bullinger* et al. (2009), S. 878.

Wichtig in einem Mitarbeitergespräch ist die transparente Darlegung, welche Ziele mit dem Dialog verfolgt werden. Dies kann die Rückschau auf Aufgaben und Ergebnisse haben, kann auch die Eignung der einzelnen Produktionsleiter eingehen, die Zusammenarbeit zwischen der Geschäftsführung und den Produktionsleitern analysieren, die Führung der Produktionsleiter beurteilen oder Entwicklungsmaßnahmen und künftige Aufgaben definieren. Das Mitarbeitergespräch ist ebenfalls dazu da gegenseitiges Feedback zu geben, über Gehälter zu sprechen, Zielvereinbarungen oder den richtigen Einsatz von fachlichen und persönlichen Kompetenzen zu überprüfen und gegenseitige Anerkennung auszusprechen.[52]

Ziel des Mitarbeitergespräches ist einen nachhaltigen und positiven Einfluss auf die Zusammenarbeit der Geschäftsführung und der Produktionsleiter zu generieren. Durch die regelmäßigen Dialoge kann die Geschäftsführung gemeinsam mit den Produktionsleitern analysieren und definieren, was nötig ist, um die alltägliche Arbeit noch besser zu organisieren. Ziel der Geschäftsführung ist ebenfalls das Erkennen von Wünschen der Produktionsleiter. Die Pflege des persönlichen Kontaktes dient der Vertrautheit und dem Aufbau einer Vertrauenskultur. Es schafft offen und transparent mit Themen umzugehen und Konflikte zu lösen. Die Führung und die Zusammenarbeit entwickeln sich zu einem gegenseitigen Coaching. Durch die gegenseitige Vorstellung und das Kennenlernen von Erwartungen sollen Potentiale und Förderungsbedarfe im Gespräch geklärt werden, um gemeinsam eine zielorientiere Zukunft zu planen.[53] [54] Die Form der gleichberechtigten Kommunikation über alle Aspekte der Arbeit und der Zusammenarbeit – in allen Arten von Gesprächen wie Delegations-, Informations- oder Beratungs-, Kritik-, Mitteilungs-, Überzeugungs-, Zielvereinbarungs- oder Konfliktgespräch - fordert und fördert die Verantwortung und die Eigeninitiative beider Seiten. Durch die Definition von unterschiedlichen Mitarbeitergesprächszielen sollen langfristig die Mitarbeiter gebunden und gefördert werden, aber auch die Führungskultur und die Abteilungen gesamthaft verbessert werden. Dies steigert die Motivation der Produktionsleiter für anstehende Aufgaben und Leistungen und verbessert das Arbeitsklima.[55]

Wichtig dabei ist die Vorbereitung und der Aufbau, um ein gutes und konstruktives Mitarbeitergespräch zu führen. Eine rechtzeitige Terminplanung zeigt dem Produktionsleiter, dass der Vorgesetzte vorbereitet ist und daran interessiert, ist ein Gespräch auf Augenhöhe zu führen. Zur Vorbereitung dafür kann der

---

[52] *Mentzel* (2010), S. 12–18.
[53] *Mentzel* et al. (2022), S. 25–27.
[54] Praxisleitfaden Unternehmensethik (2008), S. 171.
[55] *Welk* (2015), S. 30–32.

Personalgesprächsbogen des letzten Mitarbeitergesprächs herangezogen werden. Inhalt dessen ist die Leistung sowie das Verhalten des Mitarbeiters. Vor dem Gespräch sollten unterschiedliche Ziele auf den jeweiligen Produktionsleiter passend gesammelt werden. Schriftliche Vorbereitungsblätter bzw. -bögen mit Checklisten dienen als unterstützende Hilfsmittel für einen erfolgreichen Gesprächsverlauf.[56]

Das Gespräch sollte einen positiven Beginn haben und das Gesprächsthema- und ziel aufzeigen, sodass der jeweilige Produktionsleiter den genauen Ablauf kennt und sich darauf einstellen kann. Der geplante Gesprächsverlauf kann dem Produktionsleiter kurz beschrieben werden, für eine gemeinsame Basis. Der Mitarbeiter kann zu Beginn eine eigene Einschätzung seiner Leistung abgeben. Erst danach folgt das Feedback des Vorgesetzten. Der Mitarbeiter soll zusätzlich die Möglichkeit haben konstruktive Kritik am Führungsverhalten des Vorgesetzten zu äußern. Wichtig ist, den Mitarbeiter ausreden zu lassen und Stellung zu nehmen.[57] Die Reflexion der Aufgaben, Kompetenzen und der vereinbarten Leistungsziele ist ein wesentlicher Teil im Gespräch. Gemeinsame Überlegungen zu Prozessverbesserungen, Stärken und Schwächen, Optimierungsbedarfe sowie Entwicklungsperspektiven zu einer positiven Kommunikationskultur und vertrauten Zusammenarbeit. Ein gemeinsam gestalteter Maßnahmenplan aus Diskussionen und Entscheidungen kann das Ergebnis eines guten Mitarbeitergesprächs sein. Dabei sollte sich auf die fünf wichtigsten Ziele konzentriert werden. Diese sollten Die Ziele sollten durch das Setzen von Prioritäten in einem zeitlich gesteckten Rahmen durch Teilziele erreichbar sein.[58] [59]

Ein positiver Abschluss endet mit etwas Positivem und der Klärung von noch offenen Fragen.

Das Gespräch wird nach Beendigung dokumentiert und der Personalabteilung weitergegeben. Dies ist der Start des vereinbarten Maßnahmen- und Zieleplans. Das Protokoll wird nicht an die Personalabteilung weitergegeben und ist vertraulich zu behandeln, welches den größten Unterschied zu einer standardisierten Leistungsbeurteilung ausmacht, und gleichzeitig die Kommunikation verbessert und Vertrauen schafft.[60]

---

[56] *Lorenz/Rohrschneider* (2013), S. 137.
[57] *Witt-Bartsch/Becker* (2010), S. 147–148.
[58] *Eschenbach* et al. (2015), S. 322.
[59] *Lorenz/Rohrschneider* (2013), S. 141.
[60] *Ryschka* (2008), S. 97.

4.2. Kritische Erfolgsfaktoren von Mitarbeitergesprächen

Durch die vertraute Kommunikation entsteht ein partnerschaftlicher Dialog, wodurch der Vorgesetzte mehr die Rolle eines Beraters oder Coaches annehmen sollte: Weg vom Monolog – hin zum Dialog. Das Mitarbeitergespräch soll eine gemeinsame Auseinandersetzung der Leistungen und Ziele sein und das Feedback sollte in beide Richtungen möglich sein. Unsicherheiten, Ängste und Konflikte sollten durch das Gespräch auf Augenhöhe vermieden werden. Dabei sollte die Geschäftsführung den Produktionsleiter ausreden lassen und nicht unterbrechen, sollte es aber nicht versäumen am Ende zu einem gemeinsamen Ergebnis zu kommen. Die Geschäftsführung sollte in dem Gespräch keine hierarchische Stellung oder Gesprächserfahrung ausspielen, sondern eher den Produktionsleiter beobachten und analysieren. Der Manager sollte gezielt auf die Leistung eingehen und individuelle Ziele klären und planen. Diese sollte über einen bestimmten Zeitraum bewertet werden können und auf die Stärken und Schwächen des Produktionsleiters abgestimmt sein. Als Gesprächsleitfaden kann das Management ein Personalbogen oder eine Checkliste heranziehen, um strukturiert durch das Gespräch zu führen, damit der zentrale Nutzen des Mitarbeitergesprächs ersichtlich ist.[61]

Wichtig ist ebenfalls, dass die Geschäftsführung ohne falsche Annahmen, Vermutungen oder Vorurteilen, die sich auf den Produktionsleiter beziehen, in das Gespräch geht. Um das Vertrauen aufzubauen, darf kein Vergleich von positiven und negativen Erfahrungen mit anderen Mitarbeitern, welche dem Produktionsleiter in irgendeiner Weise ähneln, gemacht werden, denn Sympathien und erste Eindrücke sind nur schwer beherrschbar. Wahrnehmungsverzerrungen sind oft unvermeidbar, daher sollte Ziel des Mitarbeitergesprächs sein, den eigenen Wahrnehmungs- und Beurteilungsstil beidseitig zu verbessern. Hierzu kann ein Fragenbogen zur Selbstdiagnose unterstützen.

Um das Instrument erfolgreich einzuführen, sollte die Implementierung sorgfältig geplant und durchgeführt werden. Die Produktionsleiter müssen vorab über den Ablauf, die Ziele und die Spielregeln informiert und abgeholt werden, damit die Unternehmenskultur nicht darunter leidet, sondern viel mehr gestärkt wird.[62]

---

[61] *Germany* (2022).
[62] *Strutz* (1993), S. 648.

4.3.   Vorteile und Gründe für ein traditionellen Personalbeurteilungsverfahren

Ist die Einführung des Mitarbeitergespräch erfolgreich gelungen, kann das traditionelle Personalbeurteilungsverfahren abgelöst werden. Bei einer reinen Leistungsbeurteilung fehlt die Analyse des Sozialverhaltens komplett, welche jedoch in Führungspositionen, wie es bei den Produktionsleitern der Fall ist, wichtig ist. Bei einer Personalbeurteilung werden ausschließlich Maßnahmen definiert, welche dem Unternehmen helfen effektiv und effizient Unternehmensziele zu erreichen. Das Verfahren wird von oben nach unten ausgeführt und ermittelt, durch den Vergleich mit anderen, den Besten. Ein Feedback ist nur der Geschäftsführung möglich. Bei einem Mitarbeitergespräch geht es mehr darum, ob der Angestellt als Führungskraft sowohl sozial als auch fachlich geeignet ist. Persönlichkeitselemente spielen hierbei eine sehr große Rolle. Daher wird von einem klassischen Personalbeurteilungsverfahren abgeraten.[63] [64]

5.   Fazit

Um langfristig am Markt bestehen zu können, müssen die Produktionsleiter in der Produktion als Allrounder flexibel auf neue Situationen eingehen und eine optimale Lösung für das Problem finden. Eine regelmäßige Kommunikation durch ein Mitarbeitergespräch zwischen der Geschäftsführung und den Produktionsleitern ist zu empfehlen, da es beide Parteien auf einer Ebene zusammenbringt. Es ist zu empfehlen individuell auf die Leistung der Produktionsleiter einzugehen und passende Ziele zu klären und zu planen, welche auf die Stärken und Schwächen des Produktionsleiters abgestimmt sind. Ein Ziel sollten unter anderem Weiterbildungen sein, denn in dem ständigen technischen Wandel können Produktionsleiter durch kontinuierliche Fortbildungen leichter mit Herausforderungen umgehen und sind immer auf dem aktuellen Stand. Zu empfehlen sind zukünftige Ausgaben in die systematische Vermittlung, Aneignung und Vertiefung neuer Qualifikationen und Kompetenzen der Produktionsleiter, da diese durch die Aneignung neuer Kenntnisse besser in der Lage sind die Entwicklung des Unternehmens mitzugestalten. Hierzu zählt ebenfalls die Gestaltung und Umstrukturierung zu einer Matrixorganisation, wodurch eine gleichberechtigte Berücksichtigung mehrerer Faktoren und Gestaltungsprinzipien gewährleistet ist. Durch die Überlagerung der Funktions- und Produktionsbereiche kann die „Sport Olympia GmbH" einen effizienteren Einsatz der Funktionen garantieren und

---

[63] *Mayrhofer* et al. (2015), S. 386.
[64] *Jung* (2016), S. 1001.

verbindet somit Vorteile einer funktionalen und einer divisionalen Organisation. Voraussetzung dafür sind stark ausgeprägte Fähigkeiten der Mitarbeiter, welche durch Weiterbildungen angeeignet, vertieft und gefestigt werden. Durch die globale Sicht der Produktionsleiter können Sie sowohl Produkte und Dienstleistungen als auch Verfahrensprozesse mitgestalten und dadurc bncfzutr7654r32w1qh^071/47 verbessern. Durch regelmäßige Dialoge kann die Geschäftsführung gemeinsam mit den Produktionsleitern analysieren und definieren, was nötig ist, um die alltägliche Arbeit noch besser zu organisieren. Weg vom Monolog – hin zum Dialog.

Literaturverzeichnis

Alcalde Rasch, A. (2000), Erfolgspotential Instandhaltung. Theoretische Untersuchung und Entwurf eines ganzheitlichen Instandhaltungsmanagements, Zugl.: Duisburg, Univ., Diss., 1998, Berlin.

Asana (2022), Teamstruktur: 10 effektive Methoden zur Organisation Ihres Teams • Asana, in: https://asana.com/de/resources/team-structure, abgerufen am 12. 11. 2022.

Bauer, H. P. (2015), Karriere durch Fachschulen für Betriebswirtschaft. Langzeituntersuchung zur beruflichen Entwicklung der Absolventen, Wiesbaden.

Becker, M. (2013), Personalentwicklung. Bildung, Förderung und Organisationsentwicklung in Theorie und Praxis, 6. Aufl., Freiburg.

Boysen, W. (2010), Management Turnaround, Wiesbaden.

Bullinger, H.-J./Spath, D./Warnecke, H.-J./Westkämper, E. (Hrsg.) (2009), Handbuch Unternehmensorganisation. Strategien, Planung, Umsetzung, 3. Aufl., Berlin, Heidelberg.

Daepp, D./Leidi, U. (2015), Wettbewerbs- und Marketingstrategien im Freihandel. Auswirkungen einer Zollsenkung auf die schweizerischen Rohstofflieferanten der #´+üß0pz6'*ÄÜ_Ö:PL +9+/8ackwarenbranche, Norderstedt.

Eschenbach, R./Horak, C./Meyer, M./Schober, C. (Hrsg.) (2015), Management der Nonprofit-Organisation. Bewährte Instrumente im praktischen Einsatz, 3. Aufl., Freiburg.

Fröhlich, E./Karlshaus, A. (Hrsg.) (2017), Personalentwicklung in der Beschaffung. Best Practices aus Theorie und Praxis, Berlin, Heidelberg.

Führen von Mitarbeitergesprächen. Selbstlernkurs ; Hilfen zur Verbesserung der Führungskompetenz (2013), 11. Aufl., Offenbach am Main.

Gabler Wirtschaftslexikon (2022), Matrixorganisation • Definition | Gabler Wirtschaftslexikon, in: https://wirtschaftslexikon.gabler.de/definition/matrixorganisation-39659, abgerufen am 12. 11. 2022.

Germany, C. (2022), Über Sinn und Unsinn des Mitarbeitergesprächs, in: https://arbeitgeber.careerbuilder.de/blog/ueber-sinn-und-unsinn-des-mitarbeitergespraechs, abgerufen am 12. 11. 2022.

Heise, W. (2009), Das kleine 1x1 der Organisationslehre, Raleigh.

Hossiep, R./Zens, J. E./Berndt, W. (2008), Mitarbeitergespräche. Motivierend, wirksam, nachhaltig, Göttingen, Bern, Wien, Paris, Oxford, Prag, Toronto, Cambridge, MA, Amsterdam, Kopenhagen.

Hübner, C./Wachtveitl, A. (2000), Vom Facharbeiter zum Prozeßgestalter. Qualifikation und Weiterbildung in modernen Betrieben, Frankfurt/Main.

Im Internet, -D. W. (2022), Der/die Produktionsleiter/in - Trainings, Kurse und Weiterbildung bei www.seminus.de, in: https://www.seminus.de/weiterbildung/produktionsleiter-227192.html, abgerufen am 12. 11. 2022.

Joho, K. (2012), Weiterbildung: Mitarbeiter opfern ihre Freizeit, Wirtschaftswoche.

Jung, H. (2016), Allgemeine Betriebswirtschaftslehre, 13. Aufl., München.

Kieser, A./Walgenbach, P. (2010), Organisation, 6. Aufl., Stuttgart.

Klebl, M./Popescu-Willigmann, S. (Hrsg.) (2015), Handbuch Bildungsplanung. Ziele und Inhalte beruflicher Bildung auf unterrichtlicher, organisationaler und politischer Ebene, Bielefeld.

Kratz, H.-J. (2021), Mensch Mitarbeiter! Der richtige Umgang mit Besserwissern, Frustrierten, Perfektionisten, Querulanten, Mobbern und Co, 2. Aufl., Regensburg.

Lang, K. (2006), Bildungs-Controlling. Personalentwicklung effizient planen, steuern und kontrollieren, 2. Aufl.

Laske, S./Meister-Scheytt, C./Küpers, W. (2006), Organisation und Führung, Münster.

Loffing, D./Loffing, C. (2011), Mitarbeiterbindung ist lernbar. Praxiswissen für Führungskräfte in Gesundheitsfachberufen, Berlin, Heidelberg.

Lorenz, M./Rohrschneider, U. (2013), Praxishandbuch Mitarbeiterführung. Grundlagen - Führungstechniken - Gesprächsleitfäden, Freiburg im Breisgau, München.

Macharzina, K./Wolf, J. (2008), Unternehmensführung. Das internationale Managementwissen : Konzepte, Methoden, Praxis, 6. Aufl., Wiesbaden.

Mayrhofer, W./Furtmüller, G./Kasper, H. (Hrsg.) (2015), Personalmanagement - Führung - Organisation, 5. Aufl., Wien, München.

Meißner, A. (2012), Lerntransfer in der betrieblichen Weiterbildung. Theoretische und empirische Exploration der Lerntransferdeterminanten im Rahmen des Training off-the-job, Zugl.: Bielefeld, Univ., Diss., 2012, Lohmar, Köln.

Mentzel, W. (2010), Mitarbeitergespräche. Mitarbeiter motivieren, richtig beurteilen und effektiv einsetzen, 9. Aufl., München.

Mentzel, W./Haub, C./Grotzfeld, S. (2022), Mitarbeitergespräche erfolgreich führen. Einzelgespräche, Meetings, Zielvereinbarungen und Mitarbeiterbeurteilungen, 13. Aufl., Freiburg§pMünchen, Stuttgart.

Morgan, G. (2006), Bilder der Organisation, 4. Aufl., Stuttgart.

Nagel, R./Oswald, M./Wimmer, R. (2008), Das Mitarbeitergespräch als Führungsinstrument. Handbuch der OSB für Praktiker, Stuttgart.

Pawlowsky, P./Bäumer, J. (1996), Betriebliche Weiterbildung. Management von Qualifikation und Wissen, München.

Peterke, J. (2022), Einführung einer Matrixorganisation und worauf es ankommt, in: https://www.jp-consulting.de/Consulting-Change-Management-News/ Anmerkungen-zur-Einfuehrung-einer-Matrixorganisation-E1500.htm, abgerufen am 12. 11. 2022.

Praxisleitfaden Unternehmensethik. Kennzahlen, Instrumente, Handlungsempfehlungen (2008), Wiesbaden.

Produktionsleiter – Jobs, Aufgaben, Gehalt | Hays (2022), Produktionsleiter – Jobs, Aufgaben, Gehalt | Hays, in: https://www.hays.de/jobprofile/produktionsleiter, abgerufen am 12. 11. 2022.

REFA.de (2022), Produktionsleiter, in: https://refa.de/berufe/produktionsleiter, abgerufen am 12. 11. 2022.

Riekhof, H.-C. (Hrsg.) (1997), Strategien der Personalentwicklung. Esso, Gore, Hamburg-Mannheimer, Hewlett-Packard, Matsushita, Opel, Philips, Siemens, VW, Weidmüller, WEKA, 4. Aufl., Wiesbaden.

Ryschka, J. (2008), Praxishandbuch Personalentwicklung. Instrumente, Konzepte, Beispiele, 2. Aufl., Wiesbaden.

Ryschka, J./Solga, M./Mattenklott, A. (Hrsg.) (2011), Praxishandbuch Personalentwicklung. Instrumente, Konzepte, Beispiele, 3. Aufl., Wiesbaden.

Schiefer, G. (2019), Lernmotivation und Weiterbildungsbereitschaft älterer Mitarbeiter. Hilfestellung Für Führungskräfte Im Rahmen Agiler Personalführung, Wiesbaden.

Stock-Homburg, R./Groß, M. (2019), Personalmanagement. Theorien - Konzepte - Instrumente, 4. Aufl., Wiesbaden.

Strutz, H. (Hrsg.) (1993), Handbuch Personalmarketing, 2. Aufl., Wiesbaden.

Träger, T. (2018), Organisation. Grundlagen der Organisationslehre mit Beispielen, Übungsaufgaben und Musterlösungen, München.

Träger, T. (2021), Personalmanagement. Grundlagen, Prozesse und Instrumente, München.

Ultsch, M./Hauer, G. (2010), Unternehmensführung kompakt, München.

Vladova, G./Heuts, A./Teichmann, M. (2020), Dem Mitarbeiter zu Diensten. Weiterbildung und Qualifizierung als Personennahe Dienstleistung, HMD Praxis der Wirtschaftsinformatik, 57. Jg., Nr. 4, S. 710–721.

Wang, S./Li, H./Du, C./Liu, Q./Yang, D./Chen, L./Zhu, Q./Wang, Z. (2018), Effects of dietary supplementation with Lactobacillus acidophilus on the performance, intestinal physical barrier function, and the expression of NOD-like receptors in weaned piglets, PeerJ, 6. Jg., e6060.

Warhanek, C. (2013), Management-Trainings. Den Nutzen steigern durch Professionalität und Organisationsbezug, Wiesbaden.

Wegener, R. (2016), Zur Differenzierung von Handlungsfeldern im Coaching. Die Etablierung neuer Praxisfelder, Wiesbaden.

Weinbauer-Heidel, I. (2016), Transferförderung in der betrieblichen Weiterbildungspraxis. Warum transferfördernde Maßnahmen (nicht) implementiert werden, Wiesbaden.

Welk, I. (2015), Mitarbeitergespräche in der Pflege, Berlin, Heidelberg.

Witt-Bartsch, A./Becker, T. (Hrsg.) (2010), Coaching im Unternehmen. Die individuellste und nachhaltigste Form der Personalentwicklung und Mitarbeiterführung, München.